AF338537

L 27
n
1578

UNE DOUBLE HISTOIRE

—

PREMIÈRE PARTIE.

—

> La valeur vénale des propriétés appar-
> tenant aux congréganistes en leurs noms
> propres, s'élevait au 1er janvier 1856 à
> 81,878,000 fr. On l'évalue aujourd'hui à
> 100,000,000. Quant aux valeurs mobilières
> et titres au porteur, on en ignore absolu-
> ment le chiffre.
>
> (DUPIN, *Discours au Sénat en* 1860).

LES ESCROCS.

Dans un livre sur la morale et la loi de l'histoire, le père Gratry
a écrit ce qui suit :

« En l'année où j'écris ces lignes, la justice de mon pays s'est
« déclarée comme en permanence, pour juger sans relâche des
« bandes d'escrocs organisées en sociétés dites financières. »

Si l'auteur des lignes qui précèdent s'est arrêté, dans l'application
de sa morale, aux seules opérations de la Bourse s'ensuit-il qu'il
ait prétendu (son cadre ne lui permettant pas d'aller au-delà) que
les sociétés dites des aumônes forcées ne soient pas, elles aussi,
composées d'une bande d'escrocs? je ne le crois pas: donc au nom
de la morale du père Gratry, tout comme au nom de la mienne,
et quelle que soit la bannière arborée par les intrigants ou le temple
qui les abrite, qu'ils soient anathématisés.

Il y a dans notre bonne ville de Vienne, au nombre des commu-
nautés religieuses, une institution séculière qui a eu la prétention
de faire une œuvre pie en dehors de la doctrine de l'Eglise, de

laquelle doctrine elle a cru un moment, dans son audace, qu'elle pourrait s'affranchir; mais l'audace quelle qu'elle soit ne saurait réussir et conduire au but souhaité quand elle n'est pas doublée d'un peu de capacité et force lui est, dans ce cas, de s'appuyer sur les puissants et sur les habiles. C'est pourquoi d'aucuns prétendent que la supérieure de cette œuvre, en même temps qu'elle en est la fondatrice, porte sous ses jupes le signe distinctif des femmes qui, quoique vivant dans le monde, appartiennent à une congrégation fort répandue (1).

La hardiesse de cette dame, sa ténacité, ses allures candides, sa placidité et son âpreté au gain sont les traits caractéristiques qui dominent chez ceux qui l'inspirent et comme eux, si vous la chassez par la porte, elle rentre par la fenêtre. Aussi Mme Michaud, disait-elle souvent : « Elle m'obsède cette femme, décidément elle a le jugement faussé par son idée fixe. » Mais de cette idée fixe ma sœur ne voyait que le beau côté et comme sa sœur défunte elle savait qu'autrefois quelques riches héritières avaient fondé des couvents, dans la pensée que par ces fondations elles rachetaient ou quelques grosses fautes ou quelques péchés mignons, mais que rien de semblable ne pouvait servir de mobile à Mme Morel Robin; elles le croyaient du moins et dans leur naïveté elles ne réfléchissaient pas que les grandes dames d'autrefois faisaient à leurs frais ces fondations, non pour créer dans un intérêt matériel, avec des fonds provenant de la charité publique, une annexe à l'atelier de leurs époux et de leurs gendres.

On le voit, l'habileté de Mme Morel n'est pas de celles qui se traînent péniblement dans l'ornière du travail. Ses moyens sont plus neufs et prouvent son aptitude pour l'application des principes à la mode chez les habiles du jour. Qu'on fasse une enquête.

De même qu'il y a des personnes, se posant comme très-chrétiennes, qui admettent qu'il y a plusieurs sortes de conscience et par conséquent plusieurs sortes de morale, de même il y a plusieurs sortes de couvents. La vallée de Leveau en contient un, dont

---

(1) Ce sont mes sœurs qui, avant d'être endoctrinées, m'ont fait cette confidence.

la morale religieuse diffère de celle de l'œuvre du Bon-Pasteur. On
y reçoit bon nombre de jeunes filles que l'on occupe à dévider et
tisser la soie, elles y sont logées et nourries même au besoin.
Sont-elles malades, c'est dans l'Etablissement qu'elles sont soi-
gnées et c'est avec le produit de leur travail qu'elles payent des-
servant, instituteur et docteur ; rien de semblable au Bon-Pasteur
et d'aussi bien compris. Les chefs de cette maison ne demandent
rien au public à titre d'aumônes, ils ne sont pas à l'affût des successions, ils n'inculquent pas à leurs pensionnaires des habitudes
égoïstes, ils ne leur enseignent pas, par une pratique de chaque
jour, que par la mendicité organisée sous le nom de quête, on arrive
à vivre sans souci du lendemain et comme des filles de la bourgeoisie
à qui l'on fournit le vivre, le couvert et la promenade dans de vastes
jardins coupés en amphithéâtre. On se borne tout bonnement à en
faire des ouvrières assidues, apprenant à se suffire à elles-mêmes
par le produit de leur travail et capables, dans toutes les conditions
de la vie, de rendre des services, comme ouvrières ou servantes,
soit à la ville, soit aux champs; elles se préparent d'elles-mêmes,
par le travail et la dignité personnelle, à leur rôle de mères de
familles. On laisse leur activité se développer librement en face
des nécessités de la vie, nécessités qui font éclore parfois des
idées nouvelles chez les natures les plus aplaties. Est-ce que, sans
un stimulant plus ou moins avouable, il serait venu à la pensée de
Mme Morel de dérober à ses propres enfants des soins maternels
qu'elle affecte de donner à des étrangères qui, par une assistance
raisonnée, en auraient de mieux compris chez quelques mem-
bres de leur famille, soumis à des inspections fréquentes ou à
l'hospice. N'a-t-elle pas la prétention de nous faire accroire, à nous
bonnes gens, en présence du luxe des siens, que son abnégation
l'absorbe et que l'embonpoint qui orne sa personne témoigne des
privations qu'elle s'impose au profit d'enfants, chez lesquels, à l'aide
de promesses et de sollicitations, on brise les liens de la famille
au lieu de les raffermir et qui certainement doivent l'intéresser,
surtout au point de vue du travail qu'elles produisent et des res-
sources pécuniaires dont elles sont le prétexte ; c'est ce qu'on dit

dans le monde, madame, et c'est charitablement que je vous en avertis.

Saint Grégoire-le-Grand a dit : « *La femme n'a pas le sens du bien* » et le public qui n'a pas confiance en votre désintéressement est en communion d'idées avec lui. Voulez-vous donner à tous un démenti formel? Echangez votre démission contre le titre d'honoraire? Vous avez assez fait pour votre gloire. Quant à vous remplacer, la chose sera facile : on trouvera cent mères de famille pour une, ou mieux encore, cent veuves avec ou sans enfants, toutes capables autant que vous, intellectuellement, de diriger cette institution et pour le cas où une impossibilité bien constatée s'opposerait à votre retraite, qu'on m'admette dans votre sanctuaire en qualité de membre du Conseil d'administration. C'est bien le moins que je sois admis à contrôler l'emploi du produit des sueurs de mes vieux parents morts à la peine, produit dont vous prétendez me dépouiller. Allons, Mme Morel Robin, je vous ouvre une belle et honorable voie, entrez-y donc pour me confondre, et le public avec moi, cela vaudrait mieux que des comptes-rendus auxquels personne ne croit voire, même, dit-on, ceux qui les approuvent, ce que j'ai peine à croire. Mais, par état et par principe, vous êtes comme le chiendent : une fois enracinée quelque part, vous ne lâchez plus prise, et c'est, à en croire le public, le propre de ceux qui vous dirigent.

Quant à vos tendresses humanitaires, elles nous sont connues par expérience : subtiliser le bien des familles pour combler de faveurs célestes leurs parents défunts, en pratiquant le précepte « *Charité bien ordonnée commence par soi-même* », quêtes à domicile, dons sollicités, héritages et successions travaillés par des moyens qui s'adressent aux sentiments religieux, à l'amour-propre, flattent la vanité et accumulent, à vous en croire, des mérites pour le ciel, impressionnent les âmes honnêtes qui, l'imagination frappée, achètent, par des libéralités mal comprises, la paix d'une conscience que, par d'insidieuses insinuations, vous avez pris soin de troubler ; voilà ce qui vous plait; c'est moins pénible que de bobiner ou d'ourdir ; ça pose et vous permet de coudoyer le gran monde et les mauvaises langues prétendent, à tort sans doute, que c'est plus lucratif (1). Honni soit qui mal y pense.

JUSTICE. — ÉQUITÉ.

Voici une question que je prends la liberté d'adresser à toutes les personnes qui se sont occupées ou s'occuperont de cette affaire et notamment à Mme Morel.

Trouveriez-vous de votre goût si, sans avoir démérité, vous étiez dépossédée de vos droits, je ne dis pas au profit d'une œuvre quelconque, mais au profit de vos propres enfants? Il ferait beau vous voir mise à la portion congrue : c'est là pourtant, grâce à vous, la position qui m'est faite, puisque vous me dites, comme Tartufe à Géronte : « Vous vous croyez le maître céans, c'est à vous d'en sortir » et, sous prétexte de bonne action, vous en faites une mauvaise en me dépouillant, en me condamnant, sous le poids des ans et des infirmités qui arrivent avec l'âge, à me confiner au fond d'un hôpital, car pour se faire soigner à domicile par des mercenaires il faut de l'argent, pendant qu'étrangère à ma famille, vous et vos néophites, vous vivrez confites dans une dévotion toute de pratiques extérieures, des produits d'aumônes pieusement forcées.

Est-ce donc pour cette fin que mes vieux parents et moi-même nous serions massacrés au travail et soumis ainsi que celles qui, dans leur égarement, ont oublié que j'étais leur frère et leur bienfaiteur, à tous les genres de privations, alors que dans un coin de la Provence vit une famille, issue du côté seulement de mon aïeul paternel, dans un état voisin de la misère, et, ici même, des parentes qui ne sont pas dans l'aisance; ne leur devaient-elles pas à tous plus qu'à des étrangères, dignes de commisération c'est possible, mais à qui un simple don aurait suffi pour satisfaire au précepte de

---

(1) Mme de P., en réunion du Conseil de l'œuvre, n'a pu s'empêcher de dire, en présence de M. le Maire, au moment où Mme Morel sortait pour transmettre un ordre au secrétaire principal de la Mairie : « En voilà une qui, dans tout ça, fait ses affaires ».

charité qui se dégage de la doctrine de Jésus et encourager à l'imitation les favorisés de la fortune.

Par quel aveuglement mes sœurs ont-elles pu méconnaître à ce point les devoirs de la parenté. Elles savaient que leurs parentes de la Provence, à qui elles auraient dû faire un petit cadeau, paraissaient dans la gêne. L'aînée de mes sœurs m'en parlait quelquefois et la cadette, Mme veuve Michaud, avait formé le projet de leur faire visite en compagnie de sa belle-sœur, Mme veuve Triss; qu'elle dise, cette dame qui, elle aussi, n'est pas fortunée, si j'en impose.

Qui donc a pu pervertir en elles le sens moral si ce n'est celle qui peut dire comme la Nérine de *l'Avare* : « Je sais traire ».

A qui ce prêtre, qui n'a qu'un frère dans l'aisance, légue-t-il sa fortune? fortune qui lui est venue, non par succession, mais à force d'économie? (1) Au Bon-Pasteur ou à tel autre couvent. Du tout: à son frère, par respect pour la famille, foyer de la morale et dernière retraite du droit.

Que s'il a mal fait, qu'on le prouve en prenant l'engagement public de faire le contraire au détriment, M. P..., de son frère et de sa sœur, et M. R..., de ses deux frères. Mais, diront ces messieurs, faire autrement que le prêtre cité plus haut serait un chapitre à part de la bêtise humaine. De leur réponse, dont je m'empare, découle le gain de mon procès et M. R..., au nom de l'œuvre du Bon-Pasteur, est tenu, par devoir de conscience, de cesser toute résistance et de rendre à César ce qui appartient à César.

Qu'une personne n'ayant pour héritiers que des collatéraux, s'enquère des institutions de bienfaisance et se détermine en faveur de celle qui lui paraît la plus méritoire, rien de mieux si ces collatéraux sont dans l'aisance.

Qu'une personne qui a gagné elle-même sa fortune en dispose dans la plénitude de sa liberté, c'est son droit rigoureux, et nul

---

(1) Ce ne sont pas les prêtres qui, de leur avoir, enrichissent les couvents, c'est une justice à leur rendre.

n'oserait prétendre que ces personnes ont été circonvenues par des séductions et des artifices. Mais quel est le père de famille qui ne repousserait pas comme indigne celui de ses enfants qui, héritier d'une partie de ses pénibles labeurs, oserait lui dire: J'accepte la part qui m'est dévolue et lorsque je m'en serai servi, s'il en reste, ce sera pour des étrangers au préjudice de vos autres enfants pour lesquels vous avez travaillé en même temps que pour moi. Il me semble entendre mon père et ma mère crier du fond de leur tombeau : Malheur à qui détourne ou qui a provoqué à détourner de la voie naturelle ce qui est venu par cette voie, nous avons travaillé pour nos enfants et pas pour d'autres ; nos sueurs ne doivent donc profiter qu'à eux et aux leurs.

C'est en vain qu'on chercherait à se retrancher derrière une prétendue injonction faite par ma sœur aînée à sa sœur cadette; le cri sépulcral qui retentit plus haut fait justice de cette supposition. Qu'il ait été dit familièrement : « Puisqu'il ne restera après nous que des collatéraux, il serait bien que notre avoir, si péniblement gagné profitât aux malheureux » et que ma sœur aînée ait désigné d'avance l'œuvre du Bon-Pasteur, il n'y a là rien d'impossible ; mais qu'elle ait entendu que moi, survivant à toutes les deux, je devrais en être privé, c'est impossible et cette impossibilité se démontre par l'âge respectif de chacun de nous. J'étais l'aîné de la famille et comme tel j'avais huit ans de plus que ma sœur Benoîte et dix-huit ans de plus que Mme veuve Michaud ; toutes deux comptaient et devaient croire qu'elles me survivraient parce qu'elles savaient que ma santé ne se soutenait que par un régime sévère et que, nonobstant, j'avais dû lutter, à certaines époques, contre des symptômes alarmants. Cette opinion nous était commune à tous les trois tellement que tout ce qui touchait à mes intérêts était à leur disposition et soumis à toutes leurs exigences sans prévision de l'avenir et avec un laisser-aller dont j'ai aujourd'hui lieu de me repentir. Il m'importait peu de ne pas les laisser jouir de mon vivant, sous une forme ou sous une autre, d'un avoir qui leur était destiné et dont je pouvais me passer.

Un jour vint où, pour satisfaire à un arrêté municipal, il fallut nous entendre pour le recrépissage des façades de nos habitations, mes sœurs voulurent que ce travail fut fait uniformément ; de même pour la peinture des portes et des fenêtres, laquelle ne devait affecter aucune divergence de couleur ; déjà à propos du numérotage des maisons elles s'étaient opposées à ce qu'il fut placé deux numéros disant qu'il n'y avait qu'une maison Levrat, que si une partie était moins élevée que l'autre son exhaussement n'était qu'une affaire d'avenir et il ne fut placé qu'un numéro, le numéro 23.

Leur intention de ne faire qu'un à nous trois était si bien arrêtée dans leur esprit, que l'aînée me proposa de nous faire photographier tous les trois en un seul groupe, ce que la maladie qui l'a emportée nous a empêché d'accomplir,

Que fait cette sœur aînée à ses derniers moments? Déshérite-t-elle sa sœur et son frère au profit du Bon-Pasteur? Pas du tout. Elle se borne fort judicieusement à favoriser sa sœur dont le mari tombé dans le mamisme lui était une charge et n'accorde au Bon-Pasteur que ce que sa sœur ne voudra pas garder de son mobilier, à la condition que rien ne serait vendu et ce mobilier qui n'est autre que celui laissé aujourd'hui par Mme Michaud, Mme Morel est impatiente de le vendre au mépris de la condition imposée.

Où trouvera-t-on dans ce qui précède la justification des dispositions que j'attaque?

Violer le pacte de famille ne fut jamais et ne pouvait être dans les intentions de mes sœurs et si la cadette s'est oubliée c'est que ceux qui se posent les défenseurs de la famille et de la propriété, tout en violant ce principe chaque jour au nom du Tout-Puissant, ont oblitéré son jugement (1) et l'ont poussée à méconnaître ce que les congrégations religieuses devraient s'attacher au contraire à respecter et à faire respecter par les esprits malades, qui, de bonne foi, font le mal, croyant obtenir de la considération en ce

---

(1) Laisser à la famille ce qui venait de la famille était tellement dans les idées de ma sœur, qu'elle a dit à sa belle-sœur en lui remettant sa montre et son sautoir : « Cela me vient de votre frère, il est juste, si je meurs, que ça retourne d'où ça m'est venu. »

monde et amasser pour la vie éternelle des trésors d'indulgences, semblables en cela à cette malheureuse mère qui jetait ses enfants dans un puits, disant qu'elle envoyait des anges au ciel.

Qu'avez-vous fait, femmes intrigantes de ce précepte d'éternelle justice : *Ne faites pas à autrui ce que vous ne voudriez pas qu'il vous soit fait.* Vous en avez fait ce que vous faites chaque jour des enseignements de l'église, vous avez sacrifié le fond à la forme. Amendez-vous, s'il est vrai que vous croyiez à la rémunération de la vertu et aux châtiments éternels. Mais vous n'y croyez pas et votre ostentation pieuse et charitable n'est qu'une parade pour abuser les simples au mépris de ce qu'il y a de plus sacré ici-bas: la justice et l'équité.

CAPTATION

Les sentiments les plus purs , les résolutions les plus saines et les mieux arrêtées ne résistent pas à l'action délétère du venin d'aspic distillé goutte à goutte dans une âme candide et sincère; aussi saint Jean Chrysostôme a-t-il dit : « *Souveraine peste que la femme ! Dard aigu du démon !* »

Contrairement à Mme Morel qui fait éclat de ses sentiments chrétiens, ma sœur aînée était très-naïve dans sa foi. Autant l'une aime à se produire, autant ma sœur s'effaçait au contraire. Elle ne faisait partie du Conseil de cette œuvre qu'à son corps défendant et n'assistait aux réunions qu'entrainée par Mme Morel, et encore s'en dispensait-elle le plus possible, et, ce qui prouve que dans sa maigre participation à l'œuvre il y avait plus de complaisance que de dévouement, c'est son refus obstiné de signer au bas d'un acte, se récriant à ce sujet contre les obsessions de Mme Morel qui, insensible à la résistance qu'elle lui opposait, n'en persistait pas moins , aiguillonnant son penchant aux bonnes œuvres, à exploiter d'une façon ridicule ses idées mystiques et sa croyance sincère aux rémunérations célestes.

Le jour vint où, déplacée sur cette terre, Dieu, dont les décrets sont impénétrables, fit venir à lui cette sainte fille; et j'ai dit autre part quelles ont été ses dernières volontés.

Deux ans moins vingt-cinq jours après, contre toute attente, Mme veuve Michaud succombe et, le lendemain, les scellés sont apposés sans que j'aie pu savoir à la requête de qui et, par une étrange anomalie, je me suis trouvé avoir signé un procès-verbal où je requérais contre moi-même. Ce n'est que deux mois plus tard que j'ai appris par ministère d'huissier qu'il y avait un testament qui instituait légataire universelle l'œuvre du Bon-Pasteur, représentée par Mme Morel et par M. Riondet aîné, président du Conseil d'administration de l'œuvre, et que ce testament m'allouait, comme on l'aurait fait pour un vieux domestique qu'on voulait dispenser de tendre la main aux passants, une pension alimentaire de 400 francs, sans même y ajouter les portraits de mon père et de ma mère qui, au lieu de se perpétuer dans la famille, iront, si la justice n'y met ordre, dans les greniers de Mme Morel, servir de pâture aux animaux rongeurs.

Pour mériter ou cet excès d'honneur ou cette indignité qu'avais-je donc fait? Enumérer dans leurs moindres détails les services que j'ai rendus à mes sœurs serait fastidieux : soins assidus, prévenances, voyages, courses, correspondances, démarches, je n'ai pas même reculé pour leur ôter tout sujet d'inquiétude, d'accepter, de signer, d'approuver tout ce qu'il leur a plu de m'imposer. J'en appelle à toutes les personnes qui les ont approchées, entourées pendant leur maladie et aussi pendant celle du mari de ma sœur cadette, M. Michaud, que j'ai soigné la nuit, moi-même, et fait soigner par des hommes à moi dévoués et conduire à Saint-Robert, où il est mort; et c'est quand je me morfondais pour elles qu'elles auraient médité de me renier ou à peu près, et cela dans la plénitude de leur raison ! mais ce serait le comble de l'ingratitude et de l'hypocrisie et mes sœurs n'étaient ni ingrates ni hypocrites, elles ont été faibles (et qui, dans certaines situations, ne l'est pas un peu plus ou un peu moins ?)

Chez l'aînée, le sentiment religieux, d'où rayonnait un ardent désir de mériter les faveurs célestes, obscurcissait parfois son entendement et, dans ses aspirations mystiques, la perception exacte des choses du monde lui échappait sans qu'elle s'en aperçoive.

Sous des dehors plus résolus, ma sœur cadette se laissait aller à l'ostentation du bien, et cette monomanie habilement exploitée l'a été fructueusement le jour où, par l'affectation de sa charité, Mme Morel a eu le talent de lui persuader que, dépositaire secrète des intentions de sa sœur, elle lui révélait que, pour satisfaire l'âme de cette sœur aimée, il fallait qu'elle consacre tout son bien à la prospérité de l'œuvre. Dès ce moment, elle la poursuit de ses obsessions et, pour entrer plus avant dans sa confiance, elle gémit avec elle sur la terrible maladie qui l'avait privée de son mari ; elle a failli, elle aussi, être frappée d'un malheur semblable, M. Morel tombait dans le mamisme et, à la suite de pertes de jeu, il avait été un moment incapable de soigner ses affaires.

Qui niera que pleurer ensemble n'est pas, chez les femmes, un grand moyen de captation. M. Morel avait bien pu faire des pertes au jeu, mais il avait trouvé le moyen de se tirer d'affaire. M. Morel se portait bien, grâce à Dieu, et s'est toujours bien porté.

Quelle gloire pour vous de figurer au premier rang de nos dames patronnesses ! Quelle joie pour l'âme de votre sœur de vous voir reporter sur notre œuvre toutes vos affections. Je vous ai inscrite d'office en son lieu et à sa place parmi nos dames du Conseil ; je sais bien que vous n'y tenez pas, mais il le faut, vous ne vous occuperez de rien, vous resterez complètement libre et quand le mois de mai sera venu nous irons, comme deux amies, le passer à la campagne. Vous verrez comme j'aurai soin de vous et grâce aux ferventes prières de nos petites vous serez promptement rétablie. Votre frère a beaucoup à faire il ne peut pas vous donner les distractions que votre santé réclame, il faut le laisser à ses occupations ; il n'a pas la chance, depuis 45 ans qu'il travaille il n'a pas su s'enrichir (1). Voyez un peu s'il venait à faire mauvais usage de votre bien c'est à vous que Dieu en demanderait compte

(1) On verra pourquoi dans la deuxième partie de cette double histoire.

et vous en porteriez la peine. Vous n'aurez avec nous rien de semblable à redouter, au contraire : vous serez glorifiée sur la terre et vous obtiendrez dans le ciel, auprès de votre sœur, une place de prédilection ; mais je tiens que vous laissiez la jouissance à votre frère, il faut bien qu'il ait de quoi vivre, il est si rangé qu'il lui en faut peu, une pension à un homme de son âge suffirait pour assurer son avenir, ce n'est pas que je me permette de vous conseiller, vous êtes parfaitement libre (1). Et redoublant de câlineries on se contente de peu d'abord puis, à l'aide de ce pieux désintéressement, lorsque l'idée qu'on a glissée a fait son chemin on finit par tout prendre (2).

L'avenir ! mais le présent, madame, comment m'est-il assuré ? et ce frère qui n'a pas su s'enrichir (tout est là : savoir s'enrichir), ce frère a, ou n'a pas des dettes. S'il en a, comment les payera-t-il quand vous vous emparez d'un héritage qui lui revient de droit naturel : voilà de votre part, il faut le remarquer, une singulière probité chrétiene ; mais qu'est-ce que cela quand la charité catholique commande, on peut bien sans scrupule faire perdre quelques créanciers, quant à l'honneur on ne s'en occupe pas c'est trop peu de chose.

Et si ce frère n'a pas de dettes, qu'est-ce que le legs qui lui est fait, si ce n'est une ironie tendant à prouver qu'il ne sait pas se conduire et c'est précisément l'opinion que vous avez insinuée et que vous avez fait prévaloir.

Poursuites incessantes, pressions morales, exaltation des sentiments humanitaires, à ce point que Mme Michaud se cachait et faisait dire par ma femme de service qu'elle était absente ; et quand Mme Morel a pu lui mettre la main dessus, elle l'a associée bon gré mal gré à ses démarches parfois inconvenantes et toujours compromettantes. C'est ainsi qu'elle l'a entraînée chez M. Pillieron

---

(1) Dans un entretien avec ma femme de ménage, Mme Morel lui a dit que la pension qui m'était faite était bien suffisante.

(2) Mme Morel n'oserait pas affirmer, la main sur la conscience, que ce discours, quant au fond, manque de vérité.

pour se faire donner la clef du jardin dont on venait de le dépouiller par expropriation, et là, Mme Pillieron lui a fait sentir en
termes assez durs, que sa démarche manquait de délicatesse et de
courtoisie, mais la nature de Mme Morel ne la porte pas à distin-
guer le bien du mal moral.

A force d'insistance elle a fini par conduire ma sœur dans son
établissement et la tenant sous sa main elle en a profité pour
lui surprendre une signature qui préoccupait si fort ma sœur
qu'en rentrant le soir elle ne put se défendre de m'en parler pour
savoir si cette signature la compromettait en quelque chose.

Alarmée des progrès du squirre dont elle était atteinte, l'intelli-
gence de ma sœur s'atrophiait par ses souffrances physiques et
sans s'en apercevoir, elle se laissait aller aux artifices de Mme Morel
secondée dans cette tâche par Mme Triss belle-sœur de Mme Michaud
et sa garde-malade.

Puisque les médecins étaient impuissants il fallait recourir aux
moyens surnaturels, tel était le thème prêché jour et nuit aux
oreilles d'une mourante. Si le sommeil ne vient pas c'est parce que
l'âme de la sœur est mécontente de son peu de zèle à se détacher
des biens de ce monde au profit du Bon-Pasteur. Si une porte, un
meuble fait entendre un craquement on va voir à la porte, mais
il n'y a personne, et c'est à n'en pas douter, l'âme de M. Michaud
qui approuve ou désapprouve suivant l'intérêt qu'il s'agit de faire
réussir. Le vent agite-t-il des vieux papiers placés près d'une fenêtre mal fermée, c'est encore un membre de la famille qui mani-
feste de l'autre monde une impatience qu'il faut satisfaire. Des
visions surnaturelles, des bruits insolites, des extases, des esprits
frappeurs, tels étaient les entretiens que Mme Triss se plaisait à
tenir auprès de sa malade. La mort de son mari Triss lui avait été
annoncée par le bruit d'un cabriolet s'arrêtant sous sa fenêtre elle
ouvre la croisée, elle ne voit rien et son mari expire. Quel infernal
calcul mis en pratique autour d'une malade (1). Quelle est la femme

---

(1) Cette dame Triss entendait des voix qui l'appelaient de son prénom : Gustine!
Gustine! lorsqu'elle était en rue pour le service de sa malade.

assez fortement trempée qui, travaillée par un mal incurable au physique et par une pensée de mort au moral, ne chercherait du soulagement à cet horrible cauchemar en s'accrochant à toutes les branches comme celui qui se noie (1). « Oui ma sœur, oui mon mari, vous voulez pour que je recouvre la santé que je donne mon bien, que votre volonté soit faite » ; et comme le soulagement sera en proportion du sacrifice on donnera plus même que ne devait espérer Mme Morel, on donnera tout le bien de la sœur et le sien propre. Dans son exaltation elle est sur pied dès l'aube, on va accompagnée de Mme Triss, au rendez-vous de Mme Morel, et comme on est bien résolue de mettre un terme à ses souffrances, on veut tester de suite et, incontinent, on se rend auprès de M. P..... qui fait, je veux bien le croire, tous ses efforts pour que la jouissance me soit laissée, efforts, qu'un seul mot confidentiel aurait suffi à rendre puissants et qui se sont traduits en un projet de testament par lequel elle donne dans son trouble à Mme Triss un capital de 3000 fr., au lieu d'une rente qu'elle lui avait fait espérer ; 400 fr. de rente aux demoiselles Avon ; à moi, la pension alimentaire de 400 fr. dont j'ai déjà parlé, et la totalité au Bon-Pasteur.

Au choc de tant de sensations contraires, on comprendra aisément que si la raison n'est pas atteinte elle s'ébranle et que si elle est ébranlée, elle se brise et la spoliation se trouve consommée. Ainsi l'opiniâtre obstination aux allures bonnasses de Mme Morel finit toujours, elle ne le sait que trop, par avoir raison de toutes résistances, on cède de guerre lasse, puis par amour propre on persiste dans son égarement. Que peut, du reste, la faible mouche pour se défendre de l'araignée dont la toile l'enserre. Unie à des cadavres par une morale superstitieuse, les cadavres ont tué ma sœur au moral : c'est ce que l'on voulait.

Je ne sais ce qu'il adviendra de cette protestation, mais ma conscience me dit que ce testament a été subtilisé et j'en trouve la preuve dans le secret qui en a été gardé ; le bien ne craint pas la

---

(1) On a vu ma sœur, dès cinq heures du matin, agenouillée sur notre tombe de famille, demander à ceux qui n'étaient plus, de lui rendre la santé.

lumière, le mal seul se réfugie dans les ténèbres et ce secret gardé sera un poids sur la conscience de ceux qui se sont mêlés de cette affaire.

La voyez-vous cette femme, dont l'esprit est frappé d'une pensée de mort, inscrire dans ses dernières dispositions, quinze mois d'avance, cinq cents messes à faire dire et donner son avoir à l'œuvre du Bon-Pasteur. La voyez-vous quand elle voit venir ses derniers moments, refuser de recevoir un prêtre, précisément l'aumônier de l'œuvre et refuser la porte à Mme Morel. M. P. se présente, je lui annonce que la malade est très-fatiguée, sur quoi il se retire en m'assurant qu'elle lui a fait mon éloge, je rentre et je fais part à ma sœur de la visite de M. P. et lui offre de le rappeler si elle tient à le voir, refus formel (1). Comment expliquer un revirement s'appliquant directement à ceux qui ont été ses guides, ses conseils, si ce n'est par une intérieure désapprobation de ce qu'à leur instigation elle avait eu la faiblesse de faire ; c'est que quand la mort arrive le sens moral se réveille et si, par amour-propre, ma sœur n'a pas osé avouer sa faiblesse, si elle n'a pas su, dans le trouble de ses idées, comment s'y prendre pour la réparer secrètement (2) il est exempt de doute que si une suffocation imprévue ne l'avait pas emportée subitement, elle y serait revenue par une confiance, hélas tardive, en son frère à qui elle recommandait, au grand ébahissement de son entourage, de la venir voir souvent et m'envoyait chercher quand, pour des causes involontaires, je laissais passer les heures de mes visites ordinaires. Il est tellement vrai qu'elle y serait revenue qu'un jour qu'elle faisait refuser sa porte à Mme Morel elle dit : « *On donne son bien quelquefois à des gens qui ne le méritent pas et l'on est fâché de l'avoir fait* (3). »

---

(1) Ceci se passait en présence de Mme Triss, de ma femme de service et des deux demoiselles Avon.

(2) J'adjure M. P. qui, de l'aveu de Mme Morel, a remis le modèle du testament et dont, sous ce rapport, le témoignage ne saurait être suspect, de dire tout ce qu'il sait du désir de ma sœur de revenir sur ses dispositions et des tortures de son esprit à la recherche du moyen d'y parvenir à l'insu de ses dominatrices.

(3) Ces paroles recueillies par Me Triss ont été confiées par elle aux demoiselles Avon, de qui je les tiens.

Mme Michaud, comme tous ceux à qui la révélation d'une faute pèse, en renvoyait l'aveu au lendemain, elle comptait d'autant plus sur ce lendemain que tous mes soins tendaient à lui persuader que nous finirions par avoir raison de sa maladie; elle devait y compter, car deux heures avant de mourir elle avait bu et mangé.

Revenir sur son testament n'était pas du reste chose facile : gardée à vue jour et nuit par sa belle-sœur, toute dévouée à Mme Morel, à ce point que c'est sur un avis d'elle, transmis à voix basse par la fenêtre de la chambre de la défunte à Mlle Pailloux dont l'habitation est située au-dessous, que Mlle Pailloux est allée prévenir Mme Morel que je m'étais fais remettre les clefs et c'est Mme Morel qui, dans son avidité, a requis contre moi l'apposition des scellés, (1) lesquels ont été mis, non après la levée du corps, ce qui aurait été digne et respectueux, mais à huit heures du soir, en présence du cadavre encore chaud à qui il n'est resté, pour lui faire un oreiller dans son cercueil, que les chiffons sanglants levés de dessus sa plaie par ma domestique qui, par dévouement, lui a fait sa dernière toilette et cette sœur qui laissait une petite fortune n'a pas emporté vaillant pour plus de cinquante centimes (2).

Les hésitations de ma sœur à revenir sur son testament s'expliquent naturellement par la surveillance dont elle était l'objet, il lui aurait fallu une puissance de volonté qui ne se rencontre pas chez une mourante, alors surtout qu'elle manquait de confiance en sa garde-malade dont elle suspectait le désintéressement et savait les accointances avec Mme Morel (3).

---

(1) Que pouvait craindre Mme Morel, n'avait-elle pas Mme Triss, sa créature, qui faisait bonne garde.

(2) Dès le lendemain du décès, la défunte a été traitée, par cette dame Triss, comme la dernière des dernières et vingt-quatre heures après l'enterrement, elle ne s'est pas fait de scrupule, cette belle-sœur, de célébrer, à table, la Sainte-Croix, chez Mlle Pailloux et d'aller, le dimanche suivant, à la vogue d'Estressin, où elle y aurait perdu sa bourse contenant cent francs.

(3) Une femme de ménage, mal reçue par Mme Triss, qui craignait d'être supplantée par elle, avait suspendu ses visites; ma sœur s'en plaignait à ma domestique, lui disant : « Je ne suis pour rien dans ce qui a pu désobliger la femme Maniquet, si elle me boude elle a tort, elle y perdra, dites le lui.»

Et cette surveillance n'explique-t-elle pas à son tour la machination de toutes ces femmes âpres à la curée. Mme Morel, héritière de ma sœur, ne se trouve pas suffisamment lotie : elle vient, escortée de deux filles, quêter chez ma sœur mourante ; la porte lui étant refusée, elle fait un demi-tour et, sans se déconcerter, elle sonne à celle de celui qu'elle va dépouiller au premier jour ; dans ma profonde ignorance je me laisse fléchir et je lui donne un franc. Voilà la femme !

La pensée de ma sœur était tellement tournée vers le besoin de refaire son testament, qu'elle répétait à sa belle-sœur : « Vous êtes trop prodigue, ce n'est pas un capital qu'il vous faut, je vous ferai une rente ». Et à sa mort, Mme Triss peut le dire, elle ne comptait avoir qu'une rente, ma sœur songeait donc à refaire ce testament ou bien il faut reconnaitre qu'en faisant un testament qui assurait à sa belle-sœur un capital, elle n'avait été que l'instrument aveugle d'une volonté autre que la sienne.

Les auteurs de ce pacte ténébreux, arrêté, convenu et préparé dans le plus grand secret, ont compris eux-mêmes qu'une donation de cette importance, faite à une œuvre quelconque au détriment d'un frère flanqué de quelques parents pauvres, sans qu'elle soit justifiée par des services rendus et reconnus explicitement et formellement par la testatrice, pourrait paraître suspecte au gouvernement. Prévoyant ce cas (prévision qui ne pouvait venir à la pensée de ma sœur que suggérée) on a eu soin de transporter l'héritage aux demoiselles Mermet, lesquelles, cela se comprend de reste, ne seraient le cas échéant que fidéicommissaires.

De cette précaution prise contre le gouvernement et de l'indélicatesse de Mme Morel qui, en mère de famille honnête, aurait du faire le contraire de ce qu'elle a fait, ne ressort-il pas un parti pris de s'emparer du bien d'autrui sous un prétexte fallacieux. Ce parti pris a été flagrant pour tous ceux qui, sans passion, ont apprécié des dispositions d'où ressortent, d'une part, aberration d'esprit chez la testatrice et d'autre part captation par son entourage.

Je ne sais si les détails dans lesquels je suis entré, suffisent à établir juridiquement la caducité d'un tel testament, pour moi ça ne fait pas doute, car si j'ouvre le premier vocabulaire venu je lis au mot *captation* : insinuation, artifice dont on se sert pour se procurer quelque avantage et au mot *captateur* ceux-ci : celui qui, par ruse ou par adresse, tâche de surprendre des testaments ou donations.

Et quand on ne peut obtenir des auteurs de la captation, une pièce écrite qui les condamnerait, que faire? Force est bien de s'en tenir aux présomptions, leurs actes du reste ne faisaient-ils pas échec à la succession de ma sœur.

LE FAIT DE LA CAPTATION EST LA PREUVE DE LA CAPTATION.

DEUXIÈME PARTIE

—

> On ne voit pas de gens plus ombrageux,
> plus difficultueux, plus tenaces, plus
> ardents dans les procès que les personnes
> qui ne devraient pas même avoir des
> affaires.....
> (*Entretiens sur la vie religieuse.*)
> FÉNÉLON.

LES RÈGLEMENTS DE COMPTE

Mes adversaires démentiront-ils Fénélon ? je ne sais, et dans le doute, je me dois à moi-même de jeter un coup d'œil, ne fut-ce que par amour-propre, sur le compte de mes sœurs, compte d'après lequel je serais leur débiteur de 14,161 fr.

Aux termes de leurs testaments respectifs, elles m'ont accordé l'usufruit de cette somme, c'est donc moins dans mon intérêt personnel que dans celui de mes futurs héritiers que je vais présenter quelques observations.

Et d'abord, si j'avais prévu que je me trouverais un jour, pour débattre nos divers comptes, en présence de personnes étrangères, j'y aurais regardé à deux fois avant d'accepter leurs arrêtés, mais, comme je l'ai dit déjà, il m'importait peu, tant était ancré dans mon esprit que mes sœurs devaient me survivre, de ne pas les laisser jouir prématurément de tout ce qui pouvait les satisfaire, et de tout ce dont je pouvais me passer à la rigueur.

M'ont-elles tenu compte des sommes prises par mon père chez M. Faugier, et dont elles ne pouvaient, en temps, avoir connaissance, sommes représentant en capital et intérêts, à ce jour, plus de 7,000 fr. ?

M'ont-elles tenu compte de la plus-value de leur jardin, vendu au chemin de fer, lequel n'a pu valoir 16,000 fr. que par suite des dépenses et des améliorations que j'y ai faites, plus-value représentant en capital et intérêts, à ce jour, plus de 6,000 fr. ?

M'ont-elles tenu compte de la différence des intérêts payés à MM. Maurice et Vitou, intérêts qu'elles ne devaient qu'au 5 0/0, et qu'à la suite d'un procès, soutenu dans leur intérêt, j'ai été forcé de payer au 6 0/0 (1), différence se traduisant, à ce jour, par plusieurs milliers de francs ?

M'ont-elles imputé régulièrement les loyers que je leur avais cédés, ainsi que les intérêts des intérêts de ces loyers ? savoir : bail Bonin, bail Dufieux, bail Bouvier frères et location des chambres occupées par sept locataires.

M'ont-elles tenu compte des 1,000 fr., avec intérêts, que M. Petitbien, par erreur, a portés en plus sur le prix d'acquisition de leur jardin, et en moins sur la partie qui m'appartenait ?

M'ont-elles remboursé, comme étant seules héritières de mon père, les frais de funérailles et payé leur part du tombeau qui lui sert, et à elles aussi, de dernier asile ? j'ai en ma possession tous les comptes acquittés.

Mme Michaud qui, secrètement, s'est fait faire par ma mère, chez M. Riondet, un testament en sa faveur, m'a-t-elle au moins tenu compte des six années de pension alimentaire durant lesquelles je l'ai gardée près de moi ?

Par le simple exposé qui précède, on peut voir qu'équitablement par un renversement de rôle, je serais plutôt créancier que débiteur.

Mes sœurs, soit dit sans offenser leur mémoire, étaient toujours prêtes quand il s'agissait de prendre. N'ont-elles pas profité de ce que j'étais au Conseil général pour faire, en mon domicile, une razzia sur tout ce qui avait du prix ? Il est vrai qu'elles me le restituent, au moins en partie, en vertu d'un billet trouvé par la justice procédant à l'inventaire, et cette restitution, au moment

---

(1) Ce procès fut soutenu dans le temps par M. Joliot.

de la mort, ne prouve-t-elle pas à elle seule que leur conscience leur disait que je ne leur devais rien ; car, si elle leur avait dit le contraire, elles auraient enjoint au Bon-Pasteur le contraire de ce que contient le billet trouvé. Du reste, dans le public, leur désintéressement n'était pas proverbial.

Pour présenter l'aperçu succinct qui précède, il m'a fallu torturer ma mémoire, et pour me livrer à des recherches minutieuses, faire violence à mon insouciance naturelle pour tout ce qui touche à mes intérêts pécuniaires, alors surtout qu'il s'agit d'affaires de famille. Il faut bien que j'en fasse l'aveu, si j'ai jamais compris le communisme, c'est dans la famille ; mon père était dans ces idées, ainsi qu'on le verra tout à l'heure, et je me suis laissé aller sur cette pente tout en rechignant quelquefois, non depuis, mais avant la mort de mon père et si, entre nous, la justice n'a jamais eu à intervenir, c'est à cette pensée, dominante chez mon père et chez moi, qu'en famille les plus forts se doivent aux plus faibles, que nous l'avons dû.

En mettant la main à la plume pour écrire cette deuxième partie, je pensais ne la présenter que comme le complément de la première au point de vue de la somme qui m'était laissée en usufruit ; mais sous la pression de mes souvenirs, quoique confus, et de mes recherches, quoique incomplètes, les faits ont pris des proportions telles qu'il y a, dans ce qui va suivre, toute une affaire sérieuse, pour des appréciateurs juristes, et tout-à-fait distincte de celle relative à la captation. C'est ce qui m'a porté à donner à cette publication le titre de : *Une double histoire.*

C'était quelques jours avant sa mort, mon père me retint auprès de lui, me disant : « Prends une plume et écris ce que je vais te dire. »

EXTRAIT DE LA DICTÉE DE MON PÈRE

« La visite de Rigat m'a prouvé que ma fin approchait ; il m'a parlé de confession, je lui ait dit qu'il m'..... je ne reconnais qu'à l'offensé le droit de pardonner et je n'ai fait du tort volontaire qu'à mes enfants. J'ai à me reprocher de vous avoir

fait tort au profit de Jeannette Lechet, je lui ai sacrifié vos intérêts en souvenir de ma sœur, sa mère. C'est à cause d'elle que je
suis venu au secours de ses ganaches de père et de frère, ce qui
m'a mis sur le dos le procès que tu sais et à deux doigts de la
banqueroute.   .   .   .   .

.   .   .   .

mes exigences pour elles (mes sœurs) t'ont indisposé contre moi :
Que fallait-il que je fasse? J'avais fait de grandes pertes dans toutes
mes entreprises, je devais à M.   .   .   .   .
avec deux filles sur les bras ne pouvant travailler à cause de leurs
vues faibles, j'étais ruiné (1). Il me fallait bien compter sur ton
mariage pour me sauver de la banqueroute et tes sœurs de la misère ; je ne t'ai secondé que pour disposer de ton avoir et je me
suis ainsi approprié tes peines, et, abusant de tes bons sentiments,
j'ai exigé que tes sœurs aient part dans ton invention; le succès t'arrivera et tu auras rattrapé bientôt les soixante mille francs
au moins qui m'ont sauvé du déshonneur et assuré du pain à tes
sœurs.

« Grâce au payement des billets que tu as retirés ces derniers
temps, je ne laisse pas de dettes, mais je laisse le procès Mathias
que ce piqueur d'assiettes de T.... m'a fait perdre, tu le gagneras
à Grenoble. Si je te confesse mes torts *ce n'est pas pour que tu en
tires parti contre tes sœurs ou leurs enfants* si elles en ont un jour,
*je ne veux pas que tu leur en parles jamais pour mon honneur et
leur tranquilité.* Sois pour elles bon frère comme tu as été bon
fils. Je laisse peu pour trois femmes, ton invention leur viendra
en aide, ne te décourage pas, cache aussi tout ça à ta femme, ça
pourrait les brouiller entre elles. Maintenant pas de dépenses
inutiles, un prêtre tout seul, que Dieu vous bénisse et me donne
assez la vue et la force de signer ce que tu laisseras à tes enfants
pour qu'ils aient un exemple à suivre auprès de leurs tantes quand
tu m'auras rejoint.   « Signé : J'approuve, LEVRAT. »

------

(1) Sa position était tellement désespérée que nul n'acceptait sa signature si
elle n'était garantie par la mienne.

Si les voiles de la mort obscurcissaient chez lui la perception des objets matériels , Dieu dans sa justice permettait du moins qu'une clairvoyance intérieure le portât à conjurer, par ses aveux et par ses exhortations paternels, les incertitudes de l'avenir.

Les résultats n'ont pas tous répondu à ses prévisions. Mon invention s'est bornée à des tours de force et tous les inventeurs le savent ; ce n'est pas ce qui fait le succès d'argent. A part cela, j'ai accompli à coups de privations et de sacrifices ce que mon père souhaitait que je fasse. La propriété du Plan de l'Aiguille ne rendait rien ou à peu près et pourtant il fallait servir les intérêts dont elle était grevée, je l'ai prise à ma charge jusqu'au jour où mes sœurs l'ont vendue avantageusement au chemin de fer. Partout où j'ai pu intervenir, soit pour sauver, soit pour assurer leurs intérêts je ne me le suis pas fait demander, instances judiciaires, instances administratives, je les ai représentées, assistées, soutenues partout et sur toutes choses. Elles aussi me sont venues en aide dans des jours difficiles, elles y avaient intérêt, puisqu'une part dans les profits de mes inventions devait leur revenir, et je les ai toujours garanties surabondamment, soit par des cessions, soit par des hypothèques.

Si donc après 45 ans d'un labeur pénible je ne suis pas riche, c'est que, d'une part, je n'ai jamais sacrifié à la cupidité et c'est que; d'autre part, j'ai toujours pris souci de ma famille et de l'honneur de mon nom. Cette ligne de conduite ne s'est pas même démentie le jour où, pour racheter l'insolvabilité du père de la mère de ma femme, j'ai payé tous leurs créanciers.

Pour savoir si l'importance de mes services ne s'était point produite à l'imagination de mon père sous une forme exagérée, j'ai recouru à mes livres de l'époque et j'ai trouvé qu'en cinq années seulement mon père avait touché, provenant de mon travail, 57,840 fr., si à cette somme j'ajoute les 4,864 fr. de billets souscrits par lui et que j'ai retirés durant sa maladie et dont je suis nanti, je dépasse de 2,704 fr. le chiffre par lui avoué. Donc, pas d'exagération dans sa déclaration.

Cette confession de mon père je l'avais tout-à-fait oubliée, soit parce qu'elle portait en elle une interdiction qui en annulait les effets pécuniaires, soit parce que j'ai toujours éloigné de mes souvenirs les crises pénibles que j'ai dû traverser, soit aussi que je ne devais pas prévoir que je survivrais à mes sœurs et que je serais un jour en présence d'étrangers me disputant la possession d'un bien qui m'appartient au double titre d'héritier naturel et de créancier d'un avoir dont mes sœurs, en définitive, n'étaient, à leur insu, qu'usufruitières en tant que moi, leur survivant, et elles, mourant sans enfants.

L'interdiction formulée par mon père et que, par une erreur de ma mémoire ou de mon entendement, je croyais absolue, ne s'appliquait, comme cela ressort très-clairement, qu'à mes sœurs et à leur progéniture, mais non aux étrangères que j'ai aujourd'hui en face de moi ; c'est évident.

De ce qui précède, il me semble résulter que ma sœur a disposé d'un bien qui, en l'état des choses présentes, ne lui appartenait pas. Que ce bien, de l'aveu de mon père, avait été détourné par lui pour faire une position à mes sœurs à mon préjudice, et que ce bien doit m'être restitué sauf excédant, s'il y en a. Une décision contraire serait la consécration d'une iniquité en même temps qu'elle serait la négation du dévouement filial et fraternel, de l'amour et de l'esprit de famille et, par opposition, la glorification de l'égoïsme, de la cupidité et de l'amour de l'argent ; tel est l'enseignement qui en ressortirait pour l'édification de la génération présente et future.

Cela ne peut pas être, cela ne sera pas ou ce serait à désespérer de la justice humaine.

F. LEVRAT.

Lyon, imp. GUICHARD, rue Grenette, 7.

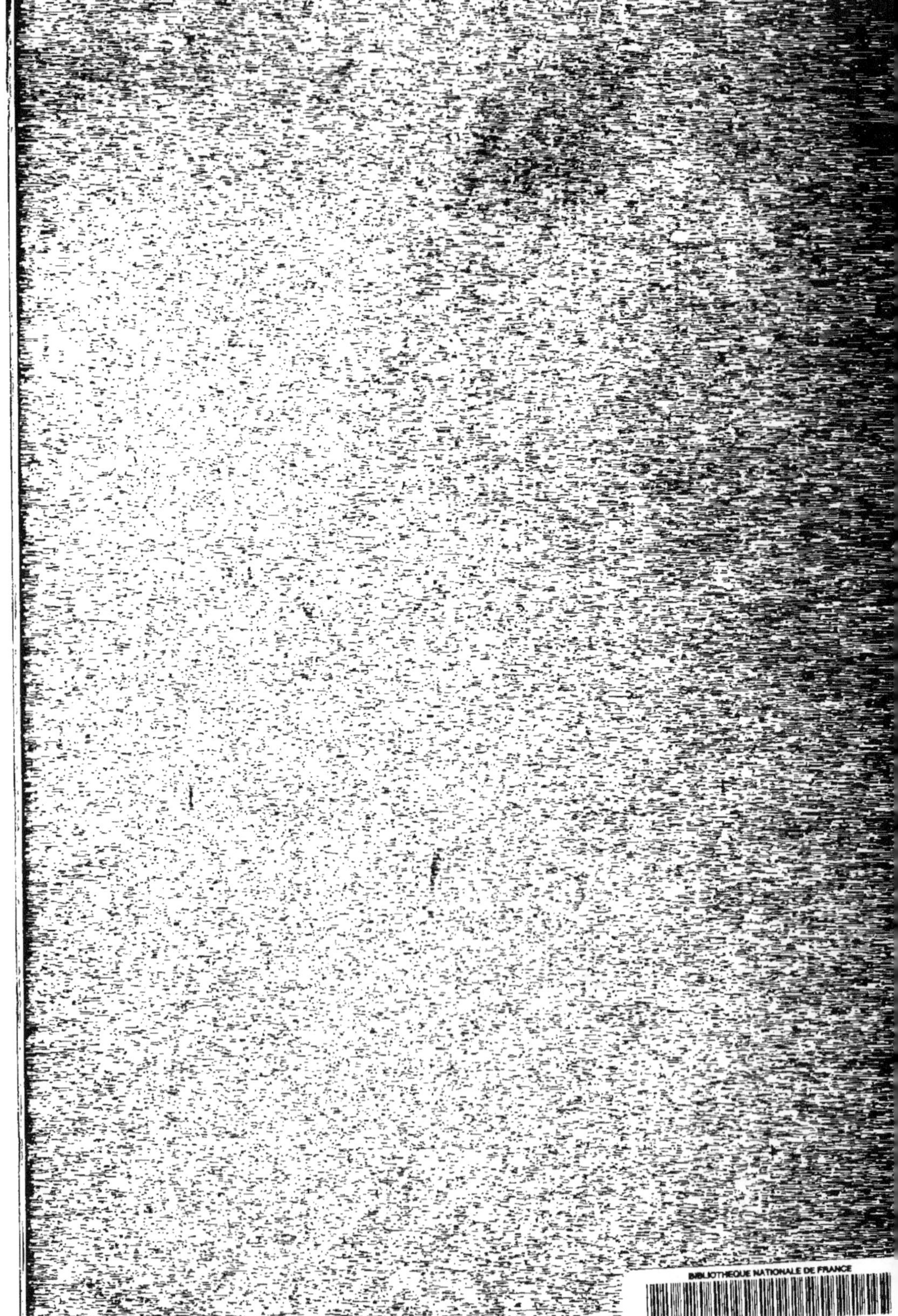